Compradores inteligentes

Karin Anderson, M.A.T.

Créditos de publicación

Rachelle Cracchiolo, M.S.Ed., *Editora comercial*
Conni Medina, M.A.Ed., *Gerente editorial*
Nika Fabienke, Ed.D., *Realizadora de la serie*
June Kikuchi, *Directora de contenido*
Caroline Gasca, M.S.Ed., *Editora superior*
Sam Morales, M.A., *Editor asociado*
John Leach, *Editor asistente*
Kevin Pham, *Diseñador gráfico*
Jill Malcolm, *Diseñadora gráfica básica*

TIME For Kids y el logo TIME For Kids son marcas registradas de TIME Inc y se usan bajo licencia.

Créditos de imágenes: portada, pág.1 Tooykrub/Shutterstock; pág.16 jfmdesign/iStock; pág.23 segunda desde arriba: Kunal Mehta/Shutterstock.com; las demás imágenes de iStock y/o Shutterstock.

Library of Congress Cataloging-in-Publication Data

Names: Anderson, Karin, author.
Title: Compradores inteligentes / Karin Anderson.
Other titles: Smart shoppers. Spanish
Description: Huntington Beach, CA : Teacher Created Materials, [2018] | Series: La vida en numeros | Translation of: Smart shoppers. | Audience: K to grade 3. |
Identifiers: LCCN 2018008956 (print) | LCCN 2018012422 (ebook) | ISBN 9781425830380 (ebook) | ISBN 9781425826932 (pbk.)
Subjects: LCSH: Shopping--Juvenile literature.
Classification: LCC TX335.5 (ebook) | LCC TX335.5 .A5318 2018 (print) | DDC 381/.1--dc23
LC record available at https://lccn.loc.gov/2018008956

Teacher Created Materials
5301 Oceanus Drive
Huntington Beach, CA 92649-1030
www.tcmpub.com
ISBN 978-1-4258-2693-2
© 2019 Teacher Created Materials, Inc.
Printed in China
Nordica.102018.CA21801128

¡Hacemos las **compras** en el **supermercado**! Elegimos qué comprar.

Necesitamos un carrito.
¿Tomamos una **cesta** pequeña o un carro grande?

Elijo el carro grande.

Necesitamos frutas. Mamá pregunta: "¿Compramos manzanas o peras?".

Elijo ambas. Compramos tres manzanas y cinco peras.

Necesitamos zanahorias. "¿Compramos zanahorias grandes o pequeñas?", pregunta mamá.

Elijo ocho zanahorias pequeñas.

**Necesitamos huevos.
Aquí hay doce huevos.**

**Aquí hay seis huevos.
Elegimos doce huevos.**

¡Nos queda dinero para un postre!

¡Elijo helado!

Nos divertimos haciendo las compras.

Hicimos varias elecciones.

Glosario

cesta

compras

elecciones

supermercado